Learn **French** with

Max et Mathilde

Les Achats – Shopping

A catalogue record for this book is available from the British Library

Published by Ladybird Books Ltd
80 Strand, London, WC2R 0RL
A Penguin Company

2 4 6 8 10 9 7 5 3 1

Image credits: page 15 Stephen Hayward © Dorling Kindersley

ISBN: 978-140930-190-5

Printed in China

Je m'appelle:

My name is:

. . . .

A few tips for grown-ups!

The most practical and enjoyable way to learn French with
Max et Mathilde is to listen to the CD and read along, listening
carefully to the pronunciation and then repeating the phrases.

Listen to the CD more than once. Repetition and singing along
will reinforce the vocabulary and phrases in the book.

Let the pictures guide your child. A translation appears at the back of the
book rather than on the page itself to avoid word-for-word translation.

On the right-hand page, the dialogue delivered by Max et Mathilde
is just as French children would speak to each other.

The most important thing is to maintain your child's enthusiasm, motivation
and interest in learning French. Above all, keep it simple and fun!

"Bonjour"

"Aujourd'hui nous allons faire les courses.
Venez avec nous!"

"Je m'appelle Max."

"Je m'appelle
Mathilde."

La Liste
Pommes
Lait
Oeufs
Pain

Le chien
'appelle Noisette.

Le panier

Max et Mathilde vont en ville.
Chaque personne prend un panier!

La pomme

Max et Mathilde vont au marché pour acheter un kilo de pommes.

"Que voulez-vous?"

"Un kilo de pommes, s'il vous plaît."

"C'est combien?"

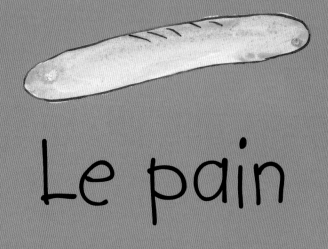

Le pain

Ils vont à la boulangerie pour acheter du bon pain.

Le poulet

La boucherie est en face.
Ils achètent un poulet rôti.

Les fleurs

Les enfants achètent
un bouquet pour maman.

"Maman adore les fleurs!"

Les œufs

Maintenant au supermarché pour du lait, des œufs et du fromage.

"Regarde-moi, Mathilde, j'ai quatre œufs!"

Le chat

Les enfants retournent
à la maison. En route ils
trouvent un petit chat perdu!

Voilà un ami pour toi, Noisette!"

"Le chat s'appelle Bijou!"

Translation

"Bonjour!" "Hello!"

"Je m'appelle Max." "My name is Max."

"Je m'appelle Mathilde." "My name is Mathilde."

"Le chien s'appelle Noisette." "The dog is called Noisette."

"Aujourd'hui nous allons faire les courses. Venez avec nous!"

"Today we are going shopping. Come along with us!"

Le panier basket

Max et Mathilde vont en ville. Max and Mathilde are going to town.

Chaque personne prend un panier. Everyone takes a basket.

"Nos paniers sont vides!" "Our baskets are empty!"

"Nous sommes prêts à partir." "We are ready to go!"

La pomme apple

Max et Mathilde vont au marché pour acheter un kilo de pommes.

Max and Mathilde are going to the market to buy a kilo of apples.

"Que voulez-vous?" "What would you like?"

"Un kilo de pommes, s'il vous plaît." "A kilo of apples, please."

"C'est combien?" "How much is it?"

Le pain bread

Ils vont à la boulangerie pour acheter du bon pain.

They go to the bakery to buy some nice bread.

"J'ai une grande baguette!" "I have a big baguette!"

"J'ai trois petits croissants!" "I have three little croissants!"

Le poulet chicken

La boucherie est en face. The butcher's shop is opposite.

Ils achètent un poulet rôti. They buy a roast chicken.

"Aaah... Noisette vole des saucisses!"

"Aaah... Noisette is stealing sausages!"

Les fleurs flowers

Les enfants achètent un bouquet pour maman.

The children buy a bouquet for Mummy.

"Maman adore les fleurs!" "Mummy loves flowers!"

Les œufs eggs

Maintenant au supermarché pour du lait, des œufs et du fromage.

Now to the supermarket for milk, eggs and cheese.

"Regarde-moi, Mathilde!" "Look at me, Mathilde!"

"J'ai quatre œufs!" "I have four eggs!"

Le chat cat

Les enfants retournent à la maison. The children go home.

En route ils trouvent un petit chat perdu!

On the way home they find a little lost cat!

"Voilà un ami pour toi, Noisette!" "Here's a friend for you, Noisette!"

"Le chat s'appelle Bijou!" "The cat is called Bijou!"

Some very useful shopping phrases!

Que voulez-vous? What would you like?

Je voudrais... I would like...

...un **kilo de pommes.** ...a kilo of apples.
...un **kilo d'abricots.** ...a kilo of apricots.
...un **kilo de pommes de terre.** ...a kilo of potatoes.
...un **litre de lait.** ...a litre of milk.
...un **litre de jus d'orange.** ...a litre of orange juice.
...un **paquet de riz.** ...a packet of rice.
...un **paquet de céréales.** ...a packet of cereal.
...un **paquet de biscuits.** ...a packet of biscuits.
...une **boîte d'œufs.** ...a box of eggs.

S'il vous plaît. Please.

Voulez-vous autre chose?
Would you like something else?

Non merci! No thank you!

Merci beaucoup. Thank you very much.

De rien! You're welcome!

Counting

1. un chat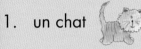

2. deux baguettes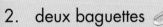

3. trois croissants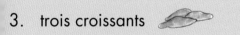

4. quatre litres de lait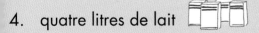

5. cinq fleurs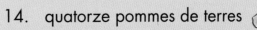

6. six pêches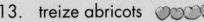

7. sept poires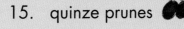

8. huit bananes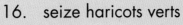

9. neuf oignons

10. dix tomates

11. onze pommes

12. douze œufs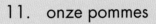

13. treize abricots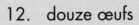

14. quatorze pommes de terres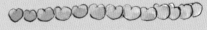

15. quinze prunes

16. seize haricots verts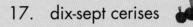

17. dix-sept cerises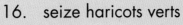

18. dix-huit carottes

19. dix-neuf pois

20. vingt raisins

Now let's play the "Panier" game!

The first person starts by saying, "Dans mon panier j'ai un petit chat perdu."
The second person says, "Dans mon panier j'ai deux baguettes et un petit chat perdu."
The next person says, "Dans mon panier j'ai trois croissants, deux baguettes et un petit chat perdu."

Carry on trying to remember all the different things in the basket! Bonne chance!

The Shopping Song!

Venez en ville avec nous,	Come into town with us,
Faire des courses, faire des courses,	To do the shopping, to do the shopping,
Venez en ville avec nous,	Come into town with us,
Faire des courses, pour acheter tout.	To do the shopping, to buy everything.
Venez en ville avec nous,	Come into town with us,
Acheter des pommes, acheter des pommes,	To buy some apples, to buy some apples,
Venez en ville avec nous,	Come into town with us,
Car on les aime beaucoup.	Because we really love them.
Venez en ville avec nous,	Come into town with us,
Acheter du pain, acheter du pain,	To buy some bread, to buy some bread,
Venez en ville avec nous,	Come into town with us,
Car on aime le pain beaucoup.	Because we really like bread.
Venez en ville avec nous,	Come into town with us,
Acheter des fleurs, acheter des fleurs,	To buy some flowers, to buy some flowers,
Venez en ville avec nous,	Come into town with us,
Car notre maman les aime beaucoup.	Because our Mummy really likes them.
Venez en ville avec nous,	Come into town with us,
Acheter des œufs, acheter des œufs,	To buy some eggs, to buy some eggs,
Venez en ville avec nous,	Come into town with us,
Car on les aime beaucoup.	Because we really like them.
Après avoir fait les courses,	After doing the shopping,
On rentre chez nous, on rentre chez nous,	We go home, we go home,
Après avoir fait les courses,	After doing the shopping,
On a trouvé le chat Bijou.	We find the cat Bijou.